별빛 눈망울

별빛 눈망울

– 작은 시인들

시와정신사

■

편집인 말

인생에서 가장 반짝이는 시절
밝게 피어오르는 별빛만을 채집해
저마다의 색깔로 그려 놓았다

언젠가
눈부시게 빛나는 이 별빛들이
우주를 돌고 돌아
다시 우리에게로 돌아올 즈음이면

어둑해진 길모퉁이에 서서
별빛에 흠뻑 젖은 채
아롱진 눈망울은 또다시 빛을 내리라

2025. 10.

윤성민

차 례

종예준 ǀ 사소한 말, 진한 뜻

장소율 | 삶의 내음

민하율 | 블루 바이올렛

이창주 | 인생사 되는 대로 즐겁게 살면 되는 거지

글쓰는나그네 | 모습은 같지만 내면은 다른 사람들

채석강아지씨 | 무의식 심연의 행보

종예준

　일상적인 순간에도, 저는 사소한 것에도 반응하는 나쁘게 말하자면 과민반응하는, 약간 달리 말하자면 예민한, 그런 종류의 사람입니다. 그렇기에 작은 것을 크게 느끼는 경우가 많았어서일까요. 이런 특성은 써내려간 시에도 저도 모르는 새에 고스란히 스몄습니다.

　일상적인 순간에 느낀 감정이나, 하나의 사건 또는 계기가 닥쳐 나온 깨달음, 단순하게 떠오른 오락같은 장면들을 '시'라는 상자에 차곡차곡 담아두었습니다.
　이 상자가 독자분께 선물이 될지 아니면 무엇도 아닌 것이 될지는 알 수 없겠지만, 적어도 무언가의 감정을 전하고 담을 수 있길 소망합니다.

사소한 말, 진한 뜻

갈빛

한기 먹은 갈빛 공기 내 숨에 스쳐가고
때 묻지 않은 깨끗한 흐름 손에 담기네

하늘은 높고 말들은 살찐다는데
구름이 가리니 높은 줄을 알 수 있나

딱 하나 바라건대 구름아
해님 또한 여기에서 느끼게 해줘라

공백

아무도 없는 듯한 장소에
숨소리는 옆에 있는 것처럼
발소리는 방을 채운 것처럼
평소엔 듣지 못 하는
닿지 못하고 사그라드는
나의 소리가 온전히 들려오는구나.

공백 속의 고요, 고요 속의 평안
마음은 잠시 눕는다.

공상

묶어 두어도 떠오른다.
잡지 않으면 날아간다.

머리 위를 날아가는,
하늘 끝에 닿아가는,

우리들의 구름
생각의 솜뭉치다.

두드림

똑, 똑, 똑, 하며,
창문을 무언가가 두드리고 있다.
주의를 끌려는 듯 관심을 끌려는 듯
창문에 손길이 소리를 준다.

갈피는 아직 잡지 못하지만
익숙함에 살며시 떠오르는 느낌.

두드리는 건 하늘의 비일까
아니면 너의 작은 신호일까

소리는 아직도
똑, 똑, 똑, 하며.

머릿속 전구

위에 걸린 속이 없는 전구를 본다.
언제부터 비어진 걸까 생각해봐도
원래 전구가 있던 걸지도 의문이다.

잠시 위로 올라가 잠깐 또 쳐다보니
가까이에서 바라봐도 구름 낀 듯 흐리다.

다만 이어서 잠깐 멀리에서 모두를 바라보면
곧 번뜩이는 깨달음과 함께 전구는 켜진다.

아 맞다, 이거였지?

멈춰 선 방황

갈래로 나뉜 길 위에
마음은 멈춰 방황한다.

이 감정은 곧 발걸음을 막는 쇠사슬이자
마음이 떠나길 멈추게 하는 자물쇠니
마음은 멈추면서 떠돈다.

멈춰 선 마음은 곧 먼지가 낄 뿐이니
곧 결단과 의지로 이 묶임 풀어낸다.

망설임은 채 남지 말아라.

바람의 흐름

갈색과 초록이 수놓은 길 지나
점점 몸은 위로 올라간다
이마엔 송골 땀이 맺히고
약간은 신발도 닳아 있겠지만
이내 이르르면
여기 정상에 오르면
잠시 생각들은 하늘에 맡겨둔 채
목놓아 외치고는
돌아옴을 듣는다.

지금 바람은 여전히 내 앞을 흐르고
내일도 그러하길.

밤의 것들

낮의 햇빛 비춘 거리 위에서
대부분의 것은 모습 드러내지만
밤의 달빛 비춘 하늘 아래서
숨겨진 것들은 빛에 고개를 든다.

누군가의 깊고 깊은 마음과
알리지 않을 작은 비밀과
떠오르게 될 한 조각의 생각은
지금에서야 우리에게 나온다.

비소의 파도

이따금씩 이곳에는 파도가 쳐간다.
누군가를 덮치려는 탁한 색의 파도
만일 치고 갈 사람을 발견했다면
가차 없이 말릴 새 없이 파도는 밀려든다.

신랄한 웃음과 그 속의 스민 우롱
정신없이 퍼져나가다 한순간에 사그라든다.
그저 몰아쳐 간 파도라 스스로 생각하건만
내 눈에는 한없이 날카로운 비소가 스몄다.

잘도 쳐가는 비소의 파도,
그 속에 조용히 가라앉는 나.

산검 傘劍

하늘에서 외쳐오는 선언의 목소리
전투의 채비를 갖춰두곤 전장으로.
위로부터 사정없이 공격은 빗발치나
앞으로 나온 이상 무를 일이야 있을까

덤벼라 비야,
내 검은 능히 널 막아낼 수 있으니라.

우산은 곧 나의 날개

우산을 쓰고 바람이 강하게 일면
이따금 지금 이 바람이 나와 우산을 함께
머얼리 저 멀리로 띄워 주었으면 하는
우산으로 멀리 떠나가고픈 내 마음이 있다.

우산을 날개삼고 바람을 발판삼아
내려다본 풍경은 어떤 모습일까 하며
얼굴에 스치는 숨결은 무슨 느낌일까 하며
저 위에서 유랑하고 있을 느낌을 떠올려본다.

지금의 내 몸은 여기 땅에 발붙지만
마음은 아직 하늘에 품어져 있다.

작은 손짓

마치
최초의 도미노가 쓰러지듯
두꺼비집의 단추를 올리듯
레모네이드 한잔을 위해서
구슬 하나를 굴리고 벌어지는
모든 일들과 같이

구슬을 굴려넣으며 우리는
큰 문이 열려지길 기대한다.

작은 손짓을 하며 우리는
거대한 변화를 기대한다.

전하는 심동

경기장과 공연장의 환호성
신문과 방송으로 보여지는 현장
정적이거나 영상과 같이 간접적이나
마음은 점차 현장과 닮아간다.

자리엔 없으나 마음은 같아
울림 전해지고, 감동 번져간다.
이것은 이른즉 소리 없는 함성이니
멀리 퍼져라, 저 끝까지 닿길.

체류

창에는 이따금 물방울이 맺혀 내린다.
이 안은 나름 밝은 편이지만
저 밖은 나름 어두운 편인 듯하다.
작게 배경에 스민 비의 자잘한 소리와
가게에서 들리는 고즈넉한 음악이
지금의 나를 편안케 하니
비 그칠 때까진 잠깐 여기 있자.

초대하지 않은 놈

귀에 거슬리는 진동 소리
검은 점은 눈 앞을 돌고
곧 얼굴 앞까지 다가온다.

손뼉을 강하게 내려쳤지만
손에 남은 것 하나 없고
다시 점은 눈 앞을 돈다.

기다림은 해결법일지니
점이 잠시 쉬려 내려앉을 때
그때가 바로 기회다.

누구도 모르게 다가가선
순식간에 콱 하고 짓누른다.
드디어 잡았다, 이 놈의 날파리.

폭루暴淚

하늘의 표정이 심상치 않다.
견디기 힘든 일 겪은 것 같이
어두운 빛 띄는 표정은 불안하다.
결국 일그러져 물은 떨어져 버리고
그렇게 굵고 눈물 내리기 시작한다.
지금 할 수 있는 건 그의 곁에 앉고
울음이 멈추길 기다리는 것이다.
기억 속 있던 원래의 푸르름이
다시 비쳐질 수 있길 바란다.

폭풍 카덴차

휘몰아치고
휘몰아치고
쉴새 없이 휘몰아친다.

그것의 연주는 그칠 일을 모른다.
오르다가도 내려가고
느려지다가도 빨라져가고
조용해졌다가도 점점 커져가는

혼돈의 폭풍 카덴차.

하루의 회전

돌아간다 돌아간다 하루는 돌아간다
누구돌릴 새도없이 하루는 돌아간다

돌아가는 하루속에 돌아가는 세상속에
그흐름을 따라따라 우린그저 돌아간다

멈춰보자 멈춰보자 잠시만 멈춰보자
누구돌릴 이유없이 잠시만 멈춰보자

멈추어진 세상속에 멈추어진 하루속에
그흐름을 더듬더듬 밝히어낸 별빛하나

하양의 시간

내려져 있던 커튼을 올린다.
세상은, 하양으로 가득하다.

이따금 하늘에서도 하양이
구름의 색채에서도 하양이
쌓여진 땅위에서도 하양이
잎벗은 나무에서도 하양이
어디를 둘러보아도 하양이
하양이 세상속에서 피었다.

하양아 하양아
부디 오래토록 곁에 남아다오. 라며
이따금 내려오는 하양에게 말한다.

火젯거리

적막이 너무하여 식어버린 모닥불.
쓸쓸은 이내 마음에 박혀
조금씩 나를 얼어붙이는구나.
하나 가만히 있기엔 천성이 그런지라.

모아보자, 아무리 작다 해도 상관않으니.
이렇게나 작은 말로도 불은 충분히 피워진다.
모아둔 장작 따라 변하는 불의 색깔.
무엇을 모아냈든지 불의 빛 참 좋구나.

흩어짐

얼마나 순수했나요, 그 시절은
시간을 보내고 담소를 나누며
웃음과 눈물을 뜨거움과 차가움을
모든 타래를 맺었던 그 시절.

이제는 흩어졌나요, 그 시절은
손에도 흘리고 발길은 잃으며
하나 둘 겪어져 저 멀리로 날아가선
영영 다시 보지 못할 그 시절.

바람은 하염없이 제 마음을 드나들어요.

장소율

어릴 때부터 엄마가 자기 전 읽어주던 책을 좋아해 항상 "더 읽어주세요"를 외치던 저는 지금은 책의 내용을 머릿속으로 상상해 머릿속에 한 편의 영화를 만드는 사람입니다.

책이라는 사물, 종이의 내음, 도서관, 서점의 분위기를 좋아하는 저는 어쩌면 항상 습관처럼 읽어주시던 엄마의 책, 또 재밌는 엄마의 연기를 보며 마치 티비를 보는 듯한 느낌 때문에 책을 좋아하게 된 걸지도 모르죠. 어릴 때부터 꼭 이뤄 보고 싶은 것에 책으로 둘러싸인 방을 갖는 것과 영어권 해외에서 사는 것이었던 저는 한글의 멋진 단어들로 써낸 책을 좋아하면서도 아이러니하게 팝송과 영어권 문화를 좋아하죠. 또 모든 동물을 사랑하며 콩이 가문 냥이들과 강아지 윙크의 언니랍니다.

삶의 내음

쿠키 앤 크림 주스

사람들은 인생에서 한번은 몸이 부서질 듯한 경험을 한다.
그게 고통 때문이든
그게 행복 때문이든
그게 슬픔 때문이든

하지만 쿠키 앤 크림의 쿠키 또한 부서진다.
그러나 부서진 쿠키는 크림과 어우러져 맛있는 주스가 된다.

우리들 인생도
그게 고통이든, 그게 행복이든, 그게 슬픔이든
쿠키와 크림의 조합처럼 조화로워지길

단어퀴즈 : 단추

이것들의 몸에는 구멍이 있습니다.

어떤 것은 두 개의 구멍이
어떤 것은 네 개의 구멍이

이들은 자신의 몸에 있는 구멍을 싫어하기도 하지만
이 구멍들은 누군가에게 도움이 되는 구멍들이란 걸 모르죠.

마치 우리가 우리의 구멍을 싫어하지만
우리가 소중한 존재라는 걸 모르는 것처럼

이것들은 때론 자신보다 더 큰 구멍으로 들어가곤 해요.
마치 우리가 힘들 때 누군가의 품에 기대는 것처럼

우린 이것을 뭐라고 부를까요?

줄이어폰

줄이어폰의 줄 그 좁은 틈 사이로 들려오는 노랫소리
우리는 줄이어폰의 줄 틈 사이로 들려오는 좋은 현혹
의 소리로
하루를 시작하고 끝마치길 원한다.

줄 건너편의 소리는 너무나도 참혹하고도 힘드니까

우린 그렇게 조금씩 삶을 살아갈 뿐이다.
가끔은 줄 건너편의 소리가 아니라
줄 틈 사이로 들려오는 소리에
집중해보는 시간도 좋다.

한 부엉이의 두 갈림길

야심한 한밤중 떠 있는
달빛에 비치는 저 한 골목길

그 옆 무성한 풀들 속의
어둠밖에 보이지 않는 저 한 골목길

저기 저 한 어린 부엉이는
달빛이 비추는 저 신성하고도 신성한 골목길을,
모든 새들의 성지인 저 골목길을,
가야 된다는 다른 새의 말을 듣고,
저 고독하고도 아득한
어둠의 길에 가고 싶은 날개를 접고,
저 밝고도 밝은 달빛의 길로 향하는데
달빛이 비추는 저 신성한 골목길로 간
어린 부엉이는 다시는 날개를 피지 못했네
어린 부엉이는 자신이 빛을
싫어한다는 사실을 몰랐네

저기 저 한 어린 부엉이는
달빛이 비추는 저 신성한 골목길을
모든 새들의 성지인 저 골목길을,
가라는 새의 말을 듣고도
저 아득하고도 고독한
어둠의 골목길로 향하려는 날개를 펼치고,
어둠밖에 보이지 않는 저 골목길로 향하는데
어둡고도 찬란한 저 골목길을 간
어린 부엉이는 내일도 날개를 필 꺼라네
어린 부엉이는 어둠을 좋아한다는 사실을 몰랐네

두 어린 부엉이는
찬란하고도 찬란한 저 날개짓으로 깨달았네
자신을

날개를 잃은 나비

날개가 찢어진 나비

그 어린 나비는 어떻게 날아야 할지 참으로 막막하다.
어린 나비는 날아다니는 거밖에 모른다.
살아가는 방법을 모른다.

넓은 하늘 자유롭고도 자유롭게 날아다니는 멋진 나비
가 되고 싶다.

어떻게 날아야 할까? 살아갈 자신이 없다.

그렇게 땅에 떨어져 있는 어린 나비 앞을
가만히 지나가는 애벌레 한 마리,

애벌레를 본 나비는 번뜩 떠올랐다.
아 나도 번데기였구나! 기어 다녀 볼까?

날개가 찢어진 나비

시계, 쉼

시계는 아침부터 똑딱똑딱
바삐 움직이는 시계는
하루도 쉬지 않고 생활하는 우릴 닮았구나

하루하루 쉬는 날 없이 오직
12시를 위해
또 다음 날 12시를 위해
또 또 다음 날 12시를 위해
계산적으로 가는 길만 가는 우리, 시계
쉬지 않고 움직이는구나
우리는 쉬지 않고 일을 하는구나

시계는 대체 어떤 목표를 위해
쉬지 않고 움직이는가

시계가 나 잠깐 쉬자 하고 멈춰도
시계는 다시 움직여야 되는구나
그럼 시계는 언제 쉬나
그럼 우리는 언제 쉬려나

그렇게 우리는 삶에 쉼이 필요하진 않는가?

무지한 우리의 끝없어 보이는 한여름 밤

완벽하지만 완벽하지만은 않은
지난밤의 잔재들이 남아있는 한 여름밤

그 여름밤은 길고도 너무 길어
우리가 헤쳐 나가기엔 너무나도 힘이 들어
그 여름밤은 마치 끝없는 무성한 우림 같네
우리는 그 덥고도 습한 무성한 우림 속에서
끝없는 여름밤을 맞이하고 있네

그러나 그 여름밤도 언젠간 끝이 있어
그 끝을 모르는 우리는 한 여름밤을 두려워하면서도
수많은 수풀을 헤쳐 점점 한 걸음 한 걸음 나아가고 있네

찰칵

어느 한순간을 포착할 수 있는 사진은
우리의 추억을 담아놓는 수단일 뿐
진짜 추억은 우리의 기억속에
너무나도 고이고이 넣어 두고 있네
그러다가 문득 사진을 보고
우리의 추억을 하나하나 꺼내어보니
마치 주마등처럼 한편의 영화가 만들어지네

콩

오늘도 어김없이 아침햇살 드는 문 앞에서
나를 향해 우는 고양이

고양이는 언제나
나를 향해 말을 건다

내가 힘이 들어 고양이 옆에 앉으면 고양이는
냐옹냐옹이 아닌 오늘도 수고했다고

내가 행복해서 고양이 옆에 앉으면 고양이는
야옹야옹이 아닌 오늘도 잘해냈다고

매일매일 우리만의 신호로
나를 살아가게 하는 힘을 만들어주는 생명체
그 고양이는 오늘도 집 마당 앞 마루에 앉아
그르릉

그 고양이는 새끼를 열심히 돌보며
나처럼 열심히 하루를 살아간다.

걱정 과잉

걱정은 끝없는 걱정을 물어
마치 끊기지 않는 쇠사슬같이

두꺼비가 저 깊은 우물 속에 빠진 것처럼
난 끝없는 구렁 속에 빠져

저 깊은 구렁 안에서 은둔생활을 하는 나
걱정을 잘라낼 생각은 미처 하지 못해
아니 안해

걱정이 걱정을 걱정이 불안을 불러
마침내 나는 쇼크사로 사망하겠지

라고까지 걱정하는 나

그냥 걱정이란 쇠사슬을 잘라낼 연장만 있으면 돼
아니 그 쇠사슬을 멋진 악세서리로 바꿀 페인트만 있으
면 돼

아니 그 쇠사슬을 그냥 처음부터 생각하지 않으면 돼

간단하잖아?

민하율

보라색과 고래 그리고 꽃을 좋아하며 삶을 깊이 고민하고 그 안의 행복과 의미를 찾아가려 노력하는 학생입니다.

이 시를 읽으시며 조금이라도 행복하셨으면 좋겠다는 마음에 시를 써보았습니다. 시의 주제가 오락가락한 점 이해해 주시면 감사하겠습니다. 그리고 몇몇 시에 나오는 내용들처럼 실수는 실패가 아닌 성장의 기회라고 생각합니다. 실수로 인해 자책하지 마시고 그 실수로 인해 나아가시길 바랍니다.

당신의 삶이 꽃처럼 찬란하길 바라며, 항상 행복하셨으면 좋겠습니다.

블루 바이올렛

고래

고래를 보면 많은
생각과 감정이 든다

작게는 경외심, 고요함,
심비로움과 같은 감정이나 고래가
되어보고 싶은 생각도 든다

무한한 바다를 유영하는 고래처럼
나도 영원한 나의 감정 안에서
헤엄치고 싶다

12척의 배

머리가 지잉하고 울린다
밖은 날카로운 포격이 빗발친다

진한 화약 냄새가 코끝을 찡하게 하고
대포 소리에 귀에 이명이 울린다

우리의 낡은 배는 고작 12척이고
적의 배는 130척이 넘는다

승산이 전혀 없어 보이는 전쟁에서
난 그럼에도 나아간다

필사즉생 필생즉사必死則生 必生則死이기에
난 죽을 각오로 지켜내야만 한다

보라색

내가 기억하는 그녀는
보라색 같다

특별하고 성숙하며
어떨 때는 비밀스럽다

반듯한 단발에 부드러운 눈매
잔잔하고 차분한 성격

결국 난 그 보라색의
매력에 푹 빠져버렸다.

권총 한 자루

만주 하얼빈에서
나의 마지막 과업을 시작한다

기차가 시끄러운
소리를 내며 들어오고

내 품 안에 있는
권총 한 자루, 그 짧은 한순간
난 권총을 장전시킨다

모든 것은 내 전부인
나의 사랑하는 조국을 위해.

심야버스

어두운 골목 아래
내가 탈 버스가 도착한다

타고 있는 사람들은
삶에 힘듦을 삼키며
집에 돌아가는 사람들

나도 내 일을 마치고
몽환적인 노래를 들으며

근심과 걱정은 잠시 접어두고
버스에 몸을 싣는다.

달리기

나는 달린다

온몸에 땀이 흐르고
숨을 헐떡거리며 달린다

내 안의 근심과 불행
짜증과 슬픔도 모두
훌훌 털어버리며 달린다

어떤 일이 날 막을지라도
무슨 생각이 날 방해하여도 달린다

나는 달린다.

그림

그림은 내 마음을
표현하는 출구가 된다

내 기쁨과 행복
어떨 땐 내 감정과 기억
그리움까지도

그 모든 순간이 전부 연필을 통해
새하얀 흰색 백지 위에서
조용하게 그려져 간다.

볼펜과 연필

볼펜과 연필은
겉모습은 닮았지만
본질은 다르다

볼펜은 한번 쓰면 영원히
되돌릴 수 없는 흔적이 남는다

반면, 연필은 실수해도 괜찮다
지우개라는 기회가 함께 있기에

내 삶이 돌이킬 수 없는 볼펜 같을지라도
나는 믿고 있다

연필로 써내려간 문장같이
어딘가엔 아직 지우고 다시 쓸 수 있는
작고 실낱같은 희망이 있다고

자전거

자전거의
페달을 힘차게 굴린다

지나가는 길목마다
새는 힘차게 지저귀고

시원한 바람은
기분 좋게 나를 스치며 지나간다

자전거는
나를 자유롭게
나를 행복하게 만든다.

불길 속에서

타오르는 불길이 나를
사정없이 집어삼킨다

숨이 턱턱 막히고
몸은 서서히 굳어져간다

공포가 내 온몸을 멈추지만
그럼에도 난 나아가야만 한다

검은 연기가 하늘을 감싸고
모든것이 불타오를 때

그 속에서 한 생명이 꺼져가는 건
얼마나 절망스러운 일인가

나는 그 참혹함을 지우기 위해
그 순간을 후회하지 않기 위해

다시 한번
불길 속으로 내 몸을 던진다.

개화

꽃은 어디서든 피어오른다

화단의 핀 노란 개나리도
고요한 뒷산 너머 고개 숙인 할미꽃도
유리 덮개 안의 붉은 장미도
거친 아스팔트 사이를 밀어내며 피어난
민들레 한송이도

어디서 시작했는지는 중요치 않다
시작이 어떠했든 꽃은 결국
아름다운 제 모습으로 피어오른다.

사춘기

갑자기 웃기고
어떨땐 슬프고
조금 짜증나고
가끔은 화나고
때론 우울하고
계속 예민하고
많이 까칠하고
쉽게 눈물나고

울렁울렁
간질간질
몽글몽글

실수

실수하지 않는 이는 없다
완전한 삶은 없기에 실수에 대한
후회로 사람들은 지치고 무너져간다

그러나 나에게 있어 실수란
단순한 나의 오점이나 결함이 아니다

나는 아직 어설프고 미숙하기에
실수하고 그 실수를 바로잡기 위해
끝없이 애쓰고 노력하며 다시 일어난다

사소하기도 하고 때론 한없이 무거운
실수들은 나를 조금씩 단련시키고
결국 그 실수들로 인해 나는 조금씩 변화한다.

사람

사람은 아름다운 존재이다

완벽하지 못하고
항상 실수하며 후회한다

어떨 땐 한없이 연약하고
세월이 흘러감에 따라
나이가 들며 서서히 늙어간다

그 어설프고 부족한 모습들은
사람을 성장시키고 변화시키며
사람을 더 아름답게 만든다

선택

사람은 모두 선택을 한다
작은 선택도 조금은 무거운 선택도

내가 한 선택을 슬퍼할 수도
기뻐할 수도 후회할 수도 있지만

내 선택은 누구도 아닌 나의 몫이고
그 선택들이 내 삶의 정답이 된다.

순환

꽃은 시들어 흙이 되고
그 흙에서 다시 꽃이 피어난다

한 생명의 눈이 감길 때
또 다른 생명의 눈이 뜬다

맑고 밝은 하늘이 오면 머지않아
어둡고 무거운 비도 찾아온다

찬란한 기쁨이 찾아온다면
비통하고 우울한 슬픔도 온다

삶은 시작과 결말
빛과 어둠.

바퀴

어둡고 숨 막히는 방 안
갑자기 소름이 끼치며
등줄기를 타고 식은땀이 주룩

떨리는 손으로 불을 켜자
그 검은 형체의 살아있는 시련이
믿지 못할 속도로 기어 온다

그 모습을 보며
내 몸은 굳었고 그 형체는
소리 없이 자취를 감추며
나를 눈감지 못하게 만든다.

물음표

선생님이 알 수 없는
내용을 설명하신다

친구가 말도 안 되는 말을
장황하게 늘어놓고 있다

현상이나 상황을 보고
저건 왜 저렇게 될까라고 고민한다

그때마다 내 머릿속에는
?가 들어온다

들꽃

연약하고 보잘것없는
들판 사이 피어난 작은 들꽃

쉽게 짓밟히고
바람에 꺾이며
지쳐 금세 시들어도

그럼에도 꿋꿋하게
나아가고 살아가며

작지만 끝내 사라지지 않는
순수하고 강인한 들꽃은

세상을 다정하게 감싸안으며
넓고 천천히 번져나간다.

달빛

새벽의 적막 속,
혼자 설움에 젖어 흐느끼면

은은히 나를 비추는
고요한 달빛이 찾아온다

후회와 억눌린 마음을
나는 한탄하며 풀어내고

조용하고 묵묵하게
전부 들어준 달빛은

아무 말도, 어떤 손길도 없지만
나를 달빛으로 비춰준다

차갑지만 부드러운 달빛은
왜인지 모르지만 나에게 깊은 위로가 된다

빛바랜 네잎클로버

행운은 모든 이를
스쳐 지나가지만,

대부분은 그 순간을
붙잡지 못한 채
다시 오기만을 기다린다

진정한 행운은 우연이 아닌
준비된 이에게 기회가 찾아올 때
피어나는 필연의 꽃이다.

행복

행복하고 또 행복해라
행복한 거보다 더 중요한 것이 무엇인가

돈이 많아도 쌓아온 명성이 대단하여도
아무리 오래 살더라도 행복하지 못한다면
불행한 인생이 아닌가

삶에 대한 불행, 좌절, 후회, 절망보단
소소한 행복들이 내 인생을 가득 채워
나를 행복하게 하지 않던가

단 하나의 불행에 얽매이는 삶이 아닌
수없이 많은 행복을 생각하자

행복하고 또 행복해라
행복이 너의 삶을 가득 채울 때까지.

이창주

나이: 17
생일: 5월 27일생
좋아하는 것: 게임, 운동, 시 쓰기
싫어하는 것: 공부, 공부, 공부

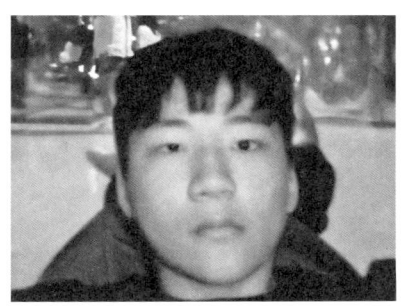

인생사 되는 대로 즐겁게 살면 되는 거지

바늘과 밀씨

작은 바늘 하나를 바닥에 꽂고
저 위에서 조막만한 밀씨를 하나 떨어트린다.

그 말도 안되는 확률로
인연이라는 게 만들어진다.

내 밀씨가 언제 떨어지는지
나는 알 수 없다.

기적처럼 그 조막만한 밀씨가
작은 바늘에 꽂혀 인연이 되기를

나는 하염없이 기다릴 뿐이지

* 영화 '번지점프를 하다'에서 나온 말을 인용

휴식

삶이 고되면
쉬엄쉬엄 해

살다가 지치면
누워있어도 돼

힘들어서 쉬어가면
혼자서 일어날 수 있지만

힘들어서 쓰러지면
혼자서 일어날 수 없으니까

껌 종이

껌 종이에는
이런 말들이 쓰여 있다.

힘내자, 파이팅
잘될 거야 등

평소에는 그냥 버리는
종이지만

힘들 때 그 말은 정말
많이 응원이 된다는 걸

그저 껌 종이이지만
그게 정말 고맙다는걸

꼭 알아주기를

매미

매미는 애벌레로
짧게는 2년 길게는 13년을 산다.

그러다가 완전한 성충이 되어
자유롭게 날아다니지

우리는 애벌레이다.
언제 성장할지는 모른다.
짧게든 길게든

하지만 기억하라
언젠가는 자유롭게 나는
성충이 될 것이라는 걸

꽃말

꽃에는 꽃말이 있다.
좋은 꽃말도 있지만
나쁜 꽃말 또한 존재한다.

하지만 좋은 꽃말이고
나쁜 꽃말이면 어떠하랴

의미를 부여하지 말고
그저 아름답게 핀
꽃을 좋아해야지

사랑

사랑은 사람마다 다르더라

누군가에겐 따뜻했고
누군가에겐 차가웠고

누군가에겐 행복했고
누군가에겐 고통이고

다 다른 사랑을 보니
난 아직 사랑을 모르겠다.

달리기

달린다.
넘어져도 달린다.

따라잡혀도 달린다.
힘들어도 달린다.

앞으로든 뒤로든
그저 달리다 보면

도착할 테니까.

성공도 마찬가지다.

달리고 넘어지고
따라잡히다 보면
언젠가는 성공하겠지.

석탄

인생이 석탄처럼 어둡고
환경이 열악해도

포기하지 마라

그런 환경 속에서도
꾸준히 견디고 버티다 보면

아름답게 빛나는 다이아몬드가 될 테니

글쓰는나그네

　많은 활동 속에서 수많은 사람들을 만나며, 그들의 이야기에 귀 기울였습니다. 다양한 봉사를 통해 누군가의 아픔을 함께 느끼고, 그들을 돕는 일의 소중함을 배워가고 있습니다. 나는 오늘도 나 자신보다 다른 사람을 위해 한 걸음 더 나아가고 있습니다.

모습은 같지만 내면은 다른 사람들

쉼표

문장에서 어구 사이를 구분할 때
쓰이는 쉼표
음악에서도 잠시 쉬어가는 부호

오늘 하루도 고생 많았소
나에게 기대어 잠시 쉬어가소

지친 너에게 되어주고 싶은 쉼표

어떤 계절에든 단단하게 버티는
소나무처럼
어떤 상황이든 꺾이고 부러지지 않은
잡초처럼
당신에게 든든한 버팀목이
되어주고 싶소

그대도 힘들고 지친 날 나에게
기대어 쉬다 가소

느낌표

문장 마지막에 붙이는 부호
나의 말을 강조하고 싶을 때 붙이는 부호

일어나 넌 아직 할 수 있어
파이팅 넌 아직 쓰러지지 않았어

너에게 말해주고 싶은 느낌표

누군가에게
힘이 되어주는 듯
누군가에게
지지대가 되어주는 듯
이 말이 도움이 된다면
계속 해주고 싶은 말

파이팅, 힘내, 넌 잘할 거야
말을 해주고 싶네

마침표

문장 마지막을 끝마치는 부호
마지막 이야기를 만들어주는 부호

나의 이야기의 마지막은
언제 끝이 나는 걸까
나의 인생은 언제까지
이어가는 걸까
매일 매일 기다려지는 마침표

아직 하고 싶은 게 많은 듯
아직 해야 할 일이 있는 듯
아직 끝나지 않은 인생이라

아아 나의 마침표는 천천히
다가오면 좋겠네

물음표

궁금할 때 말끝에 붙이는 부호
언제나 웃고 있는 친구에게
던져보는 부호
언제까지 감정을 숨길까
언제까지 모른 척 해야 할까

나에게도 묻고 싶은 물음표

마음에 비밀번호가 걸려있는 듯
안으로 들어갈 수 없는 듯
너 스스로가 아니면 들어가지
못하는 곳

언제 열릴까 생각되는 곳에
질문을 던져본다

흐려진 시간

나는 못해,
내 머릿속에서 나가
다 나 때문이야,
제발 내 머릿속에서 나가

싫어…
모두 내 주위에서 사라져

아아, 제발 이제는 싫어요
문을 두드리지 말아주세요
제발, 나를 내버려 두세요

미안해요, 이제는
못 버틸 것 같아요

눈으로 듣는 여름

더운 여름 울고있는
매미가 보이네
더운 여름 그늘에 앉아서
이야기하고 있는 사람이 보이네

여름의 소리를 눈으로 느껴보네

강아지와 고양이의 울음소리
피크닉 나온 가족의 하하호호 웃음소리
한번쯤은 좋은 소리, 나쁜 소리
모두 들어보고 싶네

아주 작고 작은 나의 소망이라네

어둠과 침묵 너머

신이 나를 버린 듯
세상에 나 혼자 남겨진 듯
내 삶은 언제나 외로웠다

어두운 방 속
온몸이 얼어붙은 듯
남들은 알 수 없는 불안과
외로움이
내 안에서 겹겹이 쌓였다

그날 손끝에 작은 온기가
스며들었다
나에게 다가온 그 따뜻함은
세상과 나를 이어주는
작은 열쇠였다

그 작은 열쇠는
내 손안에서 빛나며

세상을 느끼게 했다
손끝이 내 길을 안내하고
어둠 속에서도 나는 나만의 길을
따라 나아간다

반복되는 죽음

달려… 달려야 살아
도망쳐… 멈추면 죽어

벌써 몇 번이나
죽었는지 모르겠다
매일 괴물이 찾아온다

그만… 이제 그만하자
이미 지칠 대로 지쳤어

이게 꿈이었으면 좋겠다
눈을 뜨면 오늘의
죽음도 없던 일이 되길
하지만… 벌써 죽을 때가 된 건가
오늘은 왜 이렇게 빨리 왔을까
아… 다시 살아날 수 있다면

달려… 또 달려야 해

멈추지 말아야 해
오늘도, 내일도, 매일이 반복되는
이 길 위에서

입술은 닫히고 손이 열린다

나… 말… 말하려는데
말이, 말이 자꾸… 안 나와요
입을 열려 있는데
소리, 소리, 소리만… 멀리
가버렸어요

치… 친구랑 말… 말하고 싶은데
너무 다다 답답…해요
나는 손으로 말해요
느리지만, 더 멀리 가지 않아요

손으로 전한 인사,
입은 닫혀 있어도
나는, 당신을 만났습니다

산만한 마음의 춤

하나, 둘, 셋… 나는 춤을 춘다
누구보다 빠르고 산만하게

책상에 앉아 책을 읽을 때
내 손은 이미 무대 위로 올라가
춤을 추고 있다

화가 나면 말보다
주먹이 먼저 나가고
남을 말을
기다리지 못한다

머릿속은 쉴 새 없이 돌아가고
생각들은 꼬리를 물고 이어지며
잠시도 가만히 있지 않는다

나는 이 춤을 멈출 수 없고
가끔은 지치지만
이 춤이 나임을 알고 있다

숨 쉬는 전쟁

내 폐에서는 매일 전쟁이 벌어진다
총과 칼을 든 들숨과 날숨이 매일 부딪히고,
가슴은 곧 무너질 듯한 요새가 되었다

흡입기를 주니 순간,
나는 비로소 휴전을 얻는다
하지만 이 평화 오래가지 않는다
숨은 다시, 불안에 휘말리고,
나는 다시 전쟁터에 서 있는다

남들에게는 걷는듯한 편안한 호흡이,
나에게는 매 순간 치열한 전쟁이다
그럼에도 나는 매일 숨을 쉬며
이 전쟁터를 나아간다

안개 속 기억

전부 엎드렸다
임무는 끝나지 않았다

우리는 적을 죽여야 한다
그것이 우리의 운명이었다

하지만 나는 지쳤다
모든 걸 내려놓고 싶다
전쟁은 끝나지 않았지만
내 손은 이미
적과 전우의 피로 물들었다

그날의 총성과 끝없는 비명이
내 영혼을 찢고 있다

언제쯤 이 전쟁을 멈출 수 있을까
이 고통에서 벗어날 수 있을까

하지만 나는 여기 있다
숨 쉬고, 눈 뜨고
안개 속 기억 속에서
차갑게 깨어난다

심장은 기억하지 않는다

내 심장은 작은 불꽃처럼
깜빡인다
긴 어둠 속 멈췄다
낯선 심장이 내 안에 들어왔다

누구의 손길인지
심장은 기억하지 않지만
그 불꽃은 깊은 바다 끝
조용히 다시 타오른다

어둡지만 어둡지 않은 밤

어두운 이 길을 걷고 있는 나
어둡지만 작은 색을 따라가는 나

강아지와 함께 길을 가고 있네

앞으로 가다보니
노란 블록을 느끼고
앞으로 가다보니
신호등 옆 신호기를 느끼고
앞으로 가다보니 사람들의
따뜻한 정이 느껴지네

한걸음 한걸음 걷다 보면 언젠가
어둠에서 빠져 나오는 날이 오겠지

내 안의 회전목마

세상은 가만히 있는데
나만 기울어져 있다
오늘도 나는 기울어져 있다

마치 내가 선 세상이 비스듬한 것처럼
마치 나만 다른 차원의 시간에 머무는 듯
내 겉모습은 평범하지만,
나의 세계는 평범하지 않다

나의 하늘은 회전목마처럼 빙빙 돌고
나의 공기는 날카롭다
빛은 너무 밝고
소리는 너무 가깝게 들린다

오늘도 나는 남들과 다른 중력 속을 걷는다

채석강아지씨

    나도 글씨 하나에 다른 이의 삶을 담아낼 수 있는 사람이 되고 싶다.

    그때의 감정과 습도, 온도까지 글씨 하나하나에 담아내고 싶다.

    어렸을 때 느낀 기억이 사라지는 것이 아니라.

    새로운 백업 폴더에 넣어 오래도록 곱씹을 수 있도록.

무의식 심연의 행보

절망切望

붉어진 손으로 연신 차가운 볼을 어루만졌다.
얼음처럼 굳은 손을 맞잡고

다시
너를 보고 싶었다.
너에게 속삭여주고 싶었다.

세상이 괴롭단 것을 알았던 너에게.
여름을 알지 못한다는 너에게.

여름이란 계절을 속삭여주고 싶었다.
너를 보고 싶었다.

유성이란 말 한마디

유성이었다.
예쁜 단어로 치장하지 않아도
네가 내뱉는 단어 하나하나가
밤하늘에 무수히 수놓아진 물결처럼
찬란하게 빛을 냈다.

사랑한다는 말 한마디에
나는 너에게 녹아내렸고
너는 그런 나를 보며 까르르하며 웃어댔지.

하지만 유성은 찰나의 순간에 사라진다고 했던가.
너도 그랬다.
찰나의 순간, 나에게 찬란한 빛을 남기고
사라진 너는 유성이었다.

향수

잊히지 않은 추억들이
향으로 남아 주위를 맴돌았으면 좋겠다.

따스했던 봄의 향.
청량했던 여름의 향.
건조했던 가을의 향.
시렸던 겨울의 향이

모두 달아나 버려
내 추억만 자극시킬 향들이
잊혀지지 않는 향수로
남아 있었으면 했다.

조개껍데기는 녹슬지 않는다

조개껍데기는 녹슬지 않는다.
폭력과 차별이 난무하던 시절에
나는 태어났다.

아무런 이유도 없이 맞는 생활이 계속되던
어느 해 나는 한 생명을 가지게 되었다.

오늘도 악쓰며 우는 아이의 울음소리를
한참 동안 들었다.
내 안에서 수십 번씩 충동이 느껴졌다.

숨을 못 쉬게 할까.
머리를 잡아 흔들까.
내가 예전에 받았던 폭력들이
하나둘 떠오르기 시작했다.

그 안에서 숨을 죽이며 울고 있는
나 자신을 발견했다.

폭력과 차별 속에 맞고 자란 나를.

나는 속에서 신물 같은 응어리가 올라왔다.
내가 벗어나고 싶어 했던 그것과
달라진 게 무엇이 있나. 하는 생각이
내 온몸을 지배했다.

나는 그때 깨달았다.
멈출 수 있다는 걸
나 하나로
그 모든 고리를 끊어낼 수 있다는 걸.

나는 아이를 바라보며
조용히 울었다.

내 안의 또 다른 내가
속삭이는 소리가 그제야 들리기 시작했다.

"조개껍데기는 녹슬지 않아."

세상은 나를 수없이 깎아냈지만
나는 녹슬지 않았다.
나는 그 세상을 벗어났다.

크레파스에 묻은 검은 때

내 어린 시절 일기장은
낙서로 가득 차 있다.

아무 생각 없이
느낌 가는 대로 그린
그런 낙서들.

나이를 먹다 보니
이상하게도 그런 낙서들이 그립다.

하지만 나는
행동과 말 하나하나에도 조심해야 하는
어른이 되어 있었다.

예전에는
손에 묻은 크레파스의 때를
신경 쓰지 않았다.

그저 색이 예쁘면 좋았고
손이 더러워져도 괜찮았다.

하지만 지금의 나는
거추장스럽거나
나에게 이익이 되지 않는 일은
쉽게 외면하는 사람이 되어 있었다.

그럼에도 나는 가끔
낡은 크레파스를 쥐어본다.
손에 묻은 색을 바라보며
다시 한번,
그때의 나를 그려본다.

깨진 꽃병의 찬란했던 기억을 아는가

누구에게나 찬란했던 기억은 하나쯤은 있다.
이를테면 좋은 저녁을 함께했던 순간이라든가.
여행지에서 어스름한 노을을 바라보던 기억 같은 것들.

하지만 우리는 어느 순간부터
그런 기억들이 일상 속에서는
다시 만들어질 수 없다고 착각한다.

그렇게 우리의 꽃병은
계속되는 일상에 지쳐
조금씩 금이 가기 시작한다.

우리는 알아야 한다.
우리가 매일 살아가는 순간들이
찬란했던 기억이 될 수 있다는 것을.

그건 오로지 우리의 마음에 달려 있다.
당신이 그것을 단순히 물이라 생각한다면

그것은 물로 머물겠지만
당신이 빛이라 믿는다면
그건 분명 빛이 될 것이다.

우리 모두에겐 찬란했던 기억이 있다.
그 기억을 어떻게 받아들일지는
당신의 꽃병에 달려있다.

빛이라는 건 오래 머무르지 않는다

너는 안녕이란 말도 없이
나를 두고 홀연히 사라졌다.

너에게 해주고 싶은 말이
아직 산더미인데
가장 중요한 네가 없다.

빛이 있다면 어둠도 있다고 했나.
네가 있는 세상이 빛이었다면
네가 없는 세상은 어둠이겠지.

아무것도 보이지 않는 세상 속에서
하루를 살아간다.
빛이 머물지 않는 세상.
네가 없는 세상 속에서.

이사伊死

이사를 한다.
마음속의 오래된 짐들을 정리하며
붙잡고 있던 기억들을 하나씩 내려놓는다.

 창문 너머로 스며드는 시린 공기의 소용돌이를 느끼
며.
 낯선 공기 속에서 나는
 조용히 내 안의 방들을 비워낸다.

책장 위에 쌓인 먼지.
벽에 걸린 사진.
내가 오랫동안 모아둔 것들을 모두 정리한다.

남는 건
텅 빈 방과 나뿐이다.
마음 깊은 곳에서
조용히 방 하나를 비워냈다.

영원성 모순

그럴듯한 단어집으로 춤을 추고 있다.
사람을 바보 취급하는 조작들이.
비판을 꾸며낸 자숙의 기도들이.

해충은 누구인가.
부패하고 썩어 빠진 것들이
신이란 존재를 만들 수 있는 것인가.

권위에 삼켜져 깜빡이는 불빛들 속
신을 부정하며 신을 자처하는 이들.
썩어 빠진 것들에 의해 죽어가던
어린 천사는 입을 열었다.

신 같네, 그거.

신을 자처하는 자들을
위한 그럴듯한 단어집으로
춤추는 이들에게 묻는다.

신이란 무엇인가.
누군가가 믿어야만
신이 될 수 있는 것인가.
신이란 누군가가 만들어낸 허상의 존재가 아닌가.

ending

우리는 끝을 향해 달려간다.
끝이 무엇인지도 모른 채
누군가는 그것을 목표라 부르고
누군가는 그것을 운명이라 묻는다.

나는 가끔 그 끝이
시작과 다르지 않을까
생각한다.
낡은 일기장처럼
펼치자마자 끝나버리는 이야기.

"너는 왜 달려가?"
묻는 이가 있다면
나는 대답하지 못한다.
앞으로
앞으로만 걸어갔다.

어디에서 끝날지도 모른 채

그것이 길이라는 것도 모른 채
하지만 우리는 아마
달리기 위해 태어난 것이 아니라
그 끝에 이름을 붙이기 위해
살아가는 건지도 모른다.

그 이름이
'사랑'이면 좋겠고'
'기억이면 좋겠고'
때론
'사라짐'이면 좋겠다.
우리는 이름이라는 종착지를 향해 달려간다.

환상방황

내가 걷는 길이
정말 맞는 길인지
잘 모르겠다.

매일 같은 자리를
끝없이 반복하는 것만 같은
느낌이 들 때가 있다.

나는 나와 같은 생각이 드는
사람들에게 말해주고 싶다.

반복해서 걸어가는 것은
게으름이 아니라 성실함이라고.

길을 의심하는 그 순간조차도
너는 이미 자신을
되돌아보고 있다는 것이라고.

그러니 이 환상방황 속에서도
발걸음을 멈추지 말고 나아간다.
언젠가 그 길의 끝에서
스스로의 길을 찾아낼 수 있게.

달빛 왈츠

달빛 위에서 우리는 춤을 춘다.
반짝이는 실크 드레스와 구두
하늘 아래 쏟아지는 은빛 물결 속에서.

그러나 발끝에는
보이지 않는 자본의 굴레가 매달려
금빛 장식 속에서도
우리는 끊임없이 계산하며 회전한다.

왈츠의 선율은 화려하지만
마음속의 계산기는 끊임없이 돌아가고
사랑과 욕망, 탐욕과 환상이
한데 뒤엉킨 춤을 추게 한다.

달빛은 여전히 황홀하게 빛을 내지만
그 빛 아래에서 우리는 문득 깨닫는다.
아름다움의 이면에는
언제나 보이지 않는 손들이 움직이고 있음을.

또바기

언제나 한결같이 꼭 그렇게.
나는 작별하는 너에게
그 말을 전했다.

병과 사투를 버리던 너에게
건넨 마지막 말이었다.

너는 그런 말을 했지.
내 몸이 예전 같지 않다고
나는 그 말이 너무 두려워
되지도 않는 위로를 내뱉었다.

우리가 예전에 맞춘 반지.
절대 안 뺄 거야.
너는 변해도 나는 한결같을 거야.

그러니까 꼭 나아서 건강해지면.
다시 찾아오면.

내가 꼭 안아줄게
이제 괜찮다고.

너는 그 말을 듣고
얼마나 울었는지.
조금만 더 울었으면
한강을 만들고도 남았을 거야.

계절이 겨울에서 여름으로 바뀌고
시간이 흘러도
너는 돌아오지 않았다.

이럴 줄 알았다면
그 말 하지 말걸.
그때를 생각하며
나는 아직도 반지를 빼지 못하고 있다.

이들이 기다린 민주의 꿈

까마득한 날
자유의 발자국이 묻힌
그 광장 위에 피어오르던
젊은 숨결이 있었으니.

3월의 하늘
억눌린 도시의 폐부를 꿰뚫고
들불처럼 외치던
그 외침,
목청을 찢어 울부짖던 그날.

총과 몽둥이보다 뜨거운
한 줌의 꿈이 있었고
순국의 붉은 피로
대전의 땅을 적셔
민주의 강물이 다시 흐르기 시작했네.

지금.

우리는 그 불씨 위에 서 있네.
눈발처럼 쓸리는 시간 속에서도
결코 지워지지 않는 이름들이 있어.

우리는
민주의 꿈을 맞이했네.
저항하던 이들이 있었기에.
꿈을 꾸던 이들이 있었기에.

민주의 꿈이
꺼지지 않는 촛불이 되어
이들의 꿈을
목 놓아 부를 수 있으랴.

스물

어른이 된다는 것은
새끼 바다거북이
바다로 나아가는 일과 닮았다

거센 파도 속으로
작은 몸을 내던지며
처음으로 세상이라는 바다를 만나는 일.

하지만 바다에 도착하기 전
모래 위의 길부터 험난하다.

갈매기의 그림자가 몸을 덮치고
작은 발자국마다 두려움이 밀려든다.
힘이 빠져 바다에 닿지 못할까라는 불안이
불안감이 온몸을 급습해 온다.

그럼에도 우리는
결국 바다로 나아간다.

부서지는 파도 속을 기다리며
희망을 품고
끝내 바다의 품에 몸을 내던진다.

상애

너를 사랑한 시간을 부정하고 싶지 않아.
나는 오늘도 끝내
입안 가득 울음을 삼킨다.

처음에는 거짓인 줄 알았다.
너의 웃는 얼굴 뒤로
새어 나오는 떨림을 보고서야
나는 비로소 너를 자세하게 보게 되었다.

나는 모르는 새로운 약 봉투를 숨기고 있을 때,
화장실에 들어가 혼자 기침을 참아내고 있었을 때.

나는 알게 되었다.
네가 나를 걱정시킬까
끝내 말하지 못한 것이 있다는 것을

그래서 나도
모르는 척

아무 일 없는 듯
너의 곁을 묵묵히 지켰다.

말하지 않아도 서로가 아는
그 비밀 속에서
우리는 조금씩 시들어갔다.

그럼에도 나는
너를 사랑한 시간을
끝내 부정하지 못한다.
너를 버릴 순 없다.

일취지몽

너는 바람에 흩날리는 실크 드레스를 입고
나에게 손을 흔들었다.
교회 안은 촛불로 가득했고
꽃잎이 천천히 내려앉았다.

찬란한 웃음 속에서
우리는 식을 올렸다.
오늘이 영원하길 바라며
하지만 모든 일은 영원할 수 없는 법인가 보다.

차가운 바람이 문틈을 스며들고
뜨거운 피가 너의 실크 드레스를
적시며 마지막 인사라도 하는 듯했다.

찬란함과 허망함이 뒤섞인 결혼식.
잠시 반짝이다 사라질
우리의 절정에서
우리는 그렇게 흩어지고야 말았다.

북극성

우리는 텅 빈 밤하늘에 누워 있었다.
어디로 가는지도 모르게.
어디로 나아가는지 모르게.

북극성을 바라보며 우리는 방향을 잡는다.
그 빛은 단순한 별들의 무리가 아니라
우리 삶을 이끄는 길잡이이다.
보이지 않아도 마음속에 새겨진 본능과도 같다.

우리는 북극성을 따라 걸음을 옮긴다.
어둠 속에서도 길을 잃지 않고
서로의 손을 잡고 천천히 나아간다.

우리의 삶 속에도 북극성이라는
삶의 길잡이가 있다면
우리는 어떤 길을 걸어가게 될까.

짝사랑에 외기러기

처음부터 좋아했다.
나를 잡아주던 손길에.
환하게 웃어주던 미소에.
홀라당 내 마음을 빼앗겼다.

하지만
먼저 잡는 사람이 임자라고
그 애에게는 얼마 안 가 연인이 생겼다.

나는 그 모습을 웃으며 바라보았다.
겉으로는 괜찮은 척.
속으로는 쓰라린 마음을 삼키며.

매일 같은 자리에서
그들을 지켜보며
내 마음은 점점 닳고 있었고
홀로 낭떠러지 끝에 서 있는 나를 발견했다.

그럼에도 나는
그 애를 미워하지 않았다.
그저 내 마음속에
감정을 꾹꾹 눌러 담으며
혼자만의 사랑을 간직할 뿐이었다.

안녕

안녕이라는 말 한마디에
얼마나 많은 사람들이
행복해질 수 있냐
물어본다면.

나는 이렇게 질문하고 싶다.
안녕이라는 것은 오늘 하루도
무탈히 하루를 마무리했다는 것이고
다른 사람의 마음을 이해했다는 것이다.

서로의 존재를 확인하고
따뜻한 마음을 나눌 수 있다는 것.
작지만 소중한 마음을 나눈다는 것.
그 모든 것 속에 안녕이 담겨 있다고
나는 믿는다.

안녕이라는 말은
단순한 작별이 아니라

다시 만날 수 있다는 믿음이자
오늘 하루를 살아낸 스스로에 대한 작은 축복이다.

별빛 눈망울

펴낸날 2025년 11월 5일

표지디자인 노혜린

지은이 작은시인들

펴낸곳 시와정신

등록 대덕 바 00007

주소 대전 대덕구 대전로1019번길 28-7, 2층

전화 042-320-7845

ISBN 979-11-89282-87-5

값 10,000원

※ 이 책은 대전광역시교육청, 대전광역시청소년활동진흥센터,
   우송고등학교에서 사업비를 지원받았습니다.